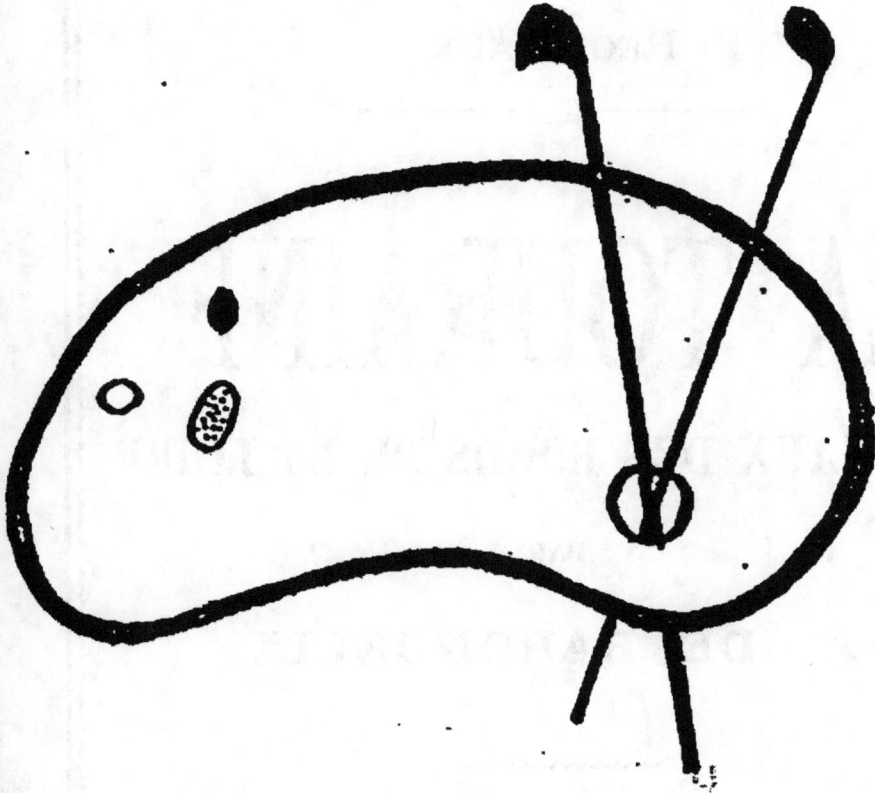

DEBUT D'UNE SERIE DE DOCUMENTS
EN COULEUR

GUIDES VÉLOCIPÉDIQUES

RÉGIONAUX

LA TOURAINE

CHATEAUX DES BORDS DE LA LOIRE

PAR

A. DE BARONCELLI

Prix : 1 fr.

PARIS

tous les Libraires et Fabricants de Vélocipèdes

TABLE DES PRINCIPALES LOCALITÉS

Les hôtels précédés d'un astérisque sont particulièrement recommandés aux touristes bicyclistes.

Voyez   Voyez

LES   LES

BICYCLETTES   BICYCLETTES

Clément.

CLÉMENT

Modèles 1895

EXIGEZ LES PRIX NETS

Pour 1895

Voyez-les, vous n'en voudrez

PAS D'AUTRES

DIRECTION ET BUREAUX à l'usine : 20, rue Brunel

MAGASIN DE DÉTAIL : 31, rue du 4 Septembre

PARIS

Le catalogue est envoyé franco sur simple demande

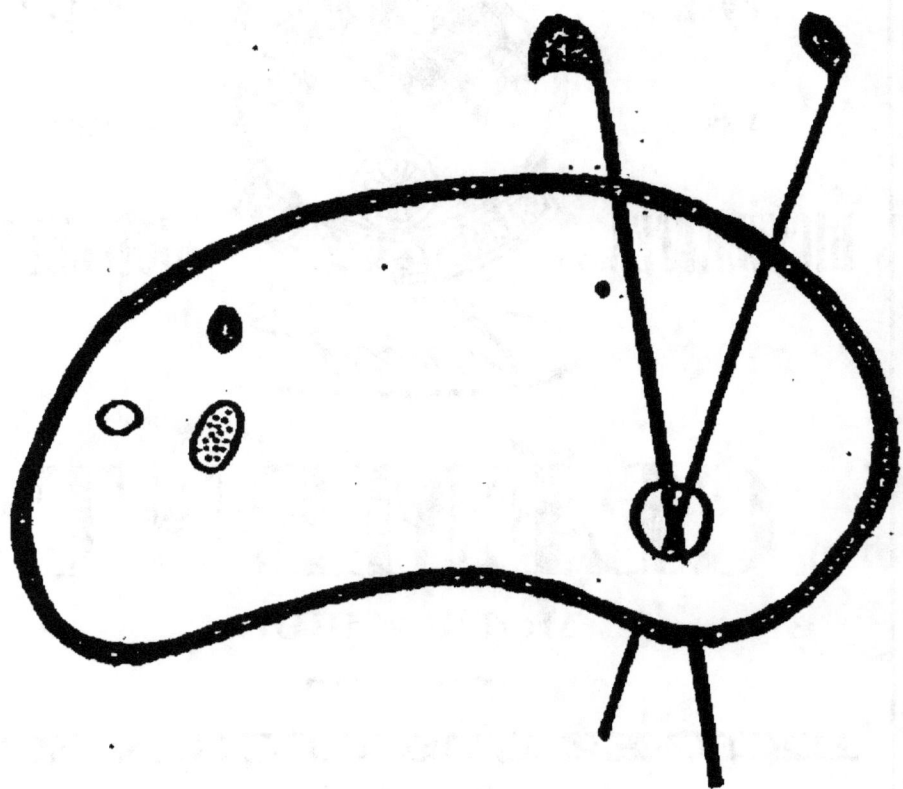

**FIN D'UNE SERIE DE DOCUMENTS
EN COULEUR**

GUIDES VÉLOCIPÉDIQUES

RÉGIONAUX

LA TOURAINE

CHATEAUX DES BORDS DE LA LOIRE

PAR

A. DE BARONCELLI

Prix : 1 fr.

PARIS

Chez tous les Libraires et Fabricants de Vélocipèdes

DU MÊME AUTEUR

GUIDE DES ENVIRONS DE PARIS, détaillé dans un rayon de 140 kilomètres, avec l'Itinéraire abrégé de la France, indiquant les voies vélocipédiques les plus directes pour se rendre de Paris à tous les Chefs-Lieux de Département et d'Arrondissement, Stations thermales et balnéaires, ainsi qu'à Londres, Bruxelles, Genève, Gênes et Turin, 14e édit........ **5 fr. »**
Par la poste........................... **5 fr. 50**

GUIDE ROUTIER DU VÉLOCEMAN EN FRANCE ET EN EUROPE, indicateur des distances, avec annotations, contenant la nomenclature générale des routes qui relient tous les Chefs-Lieux de Département et d'Arrondissement; des voies les plus directes conduisant de Paris aux capitales de l'Europe et des voies de communication entre les capitales, 6e édit. **4 fr. 75**
Par la poste........................... **5 fr. »**

GUIDES VÉLOCIPÉDIQUES RÉGIONAUX :
La Forêt et les environs de Fontainebleau 2e édit. **1 fr. »**
La Normandie, plages normandes........... **1 fr. 75**

LA VÉLOCIPÉDIE PRATIQUE, Conseils aux Vélocemen sur la manière de voyager à véloce, le choix des cartes, du bagage, du costume, de la marche de route, etc. 6e édit..................... **1 fr. 75**
Par la poste........................... **1 fr. 90**

EN PRÉPARATION

GUIDE DE LA BRETAGNE.

GUIDE DES VOSGES.

EN VENTE, chez l'Auteur, 8, rue des Saussaies à Paris

PRÉFACE

Ayant souvent constaté combien de bicyclistes, à la veille d'entreprendre une excursion un peu prolongée, sont embarrassés sur le choix du voyage et pour en établir d'avance les étapes, nous pensons pouvoir leur être utile en publiant un itinéraire spécialement étudié pour chacune des principales régions les plus intéressantes de la France.

C'est dans cette intention que nous présentons aujourd'hui aux touristes vélocipédistes le guide de **la Touraine**, le deuxième de la série que nous comptons faire paraître.

Afin de rendre nos itinéraires accessibles en venant les rejoindre de n'importe quelle direction, nous les avons tracés circulaires, de telle sorte qu'en prenant pour point de départ une des villes quelconques de l'itinéraire, on puisse revenir à cette ville tout en ayant parcouru l'excursion entière et vu les curiosités les plus importantes de la région.

Toutefois, voulant rendre l'ouvrage très portatif, nous nous sommes bornés à donner la description de la route au point de vue purement vélocipédique, à l'indication exacte des distances séparant les localités, au bon choix des hôtels (toujours se présenter avec notre guide) et au partage qui nous a paru le plus rationnel des étapes journalières.

Quant aux longueurs des côtes et des espaces pavés, nous adopterons, pour les mesurer, le temps de marche nécessaire à franchir ces passages à pied, à raison d'environ 4 ou 5 kilomètres à l'heure, aussi exprimerons-nous leur durée en minutes et en heures.

Pour l'historique des villes et les promenades à faire dans celles-ci, nous conseillerons aux bicyclistes de se munir du **Guide Conty** ou du **Guide Joanne** (de la collection diamant), correspondant à la région visitée. Ces volumes, sous un petit format, renfermant les renseignements les plus complets.

Le touriste, préférant bien voir en détail et sans fatigue, désirant séjourner quelques heures dans les localités qui offrent de l'intérêt et conserver de son excursion un souvenir durable, suivra à la lettre nos étapes; cependant s'il se sent de force, rien ne l'empêchera de les doubler, mais nous ne saurions l'y engager à moins qu'il veuille se contenter d'impressions fugitives, résultat inévitable d'un voyage fait trop à la hâte-

PLAN DU VOYAGE

Orléans, Cléry, Chambord, Blois, Chaumont, Amboise, Tours, Luynes, Langeais, Azay-le-Rideau, Ussé, Saumur, Angers, Brissac, Saumur, Montsoreau, Fontevrault, Chinon, Loches, Chenonceaux, Montrichard, Cheverny, Beauregard, Blois, Beaugency, Orléans.

(Pour ce voyage consulter les feuilles de la carte de France du Ministère de la Guerre au 200.000°, portant les numéros 31, 32, 33, 38 et 39).

Nota. — Le bicycliste venant de Paris se rendra à Orléans, soit par le chemin de fer (13 fr. 55 ; 9 fr. 15 ; 5 fr. 25), soit par la route. Dans ce dernier cas, il pourra choisir entre les deux itinéraires suivants, dont la description détaillée se trouve dans notre *Guide des Environs de Paris* :

1er Itinéraire. — Par Versailles, Limours (station), Angervilliers, Saint-Cyr-sous-Dourdan, Dourdan, Les Granges-le-Roi, Authon, Angerville, Andonville, Allainville, Acquebouille, Saint-Lyé et Fleury-aux-Choux.

Distance : **128** kil. **800** m. *Pavé :* **35** min. *Côtes :* **2** h. **31** min.

2e Itinéraire. — Par Charenton, Villeneuve-Saint-Georges, Draveil, Champrosay, Ris, Bondoufle, Vert-le-Grand, Vert-le-Petit, Saint-Vrain, Bouray, Auvers, Morigny, Etampes, Saclas, Autruy, Saint-Lyé et Fleury-aux-Choux.

Distance : **121** kil. **300** m. *Pavé :* **2** h. **6** min. *Côtes :* **12** min.

DURÉE DU VOYAGE

En dix-sept jours si on suit à la lettre l'itinéraire entier selon la division du temps indiquée ci-dessous; en quatorze jours si on supprime les itinéraires facultatifs des 6ᵉ, 9ᵉ, 10ᵉ, 11ᵉ et 12ᵉ jours.

DIVISION DU TEMPS

1ᵉʳ Jour. — S'arranger pour arriver la veille au soir à Orléans (Hôt. *Saint-Aignan*, place *Bannier*. — Cafés *Choinet*, *Grand-Café*, place du *Martroi*). Le lendemain, visite de la ville d'Orléans. (Curiosités: la Cathédrale; l'église Saint-Aignan; l'ancien Hôtel de Ville renfermant les musées de peinture, de sculpture, d'histoire naturelle et le musée Jeanne-d'Arc; la maison, dite de Diane de Poitiers, renfermant le Musée historique, très intéressant; l'Hôtel de Ville, belles salles; maisons anciennes du xvᵉ et xviᵉ s.; le pont sur la Loire). Dîner et coucher à Orléans.

2ᵉ Jour. — Départ d'Orléans. Déjeuner à Cléry; visite de l'église de Cléry. Dîner et coucher à Chambord.

3ᵉ Jour. — Dans la matinée, visite du château de Chambord. Départ de Chambord après le déjeuner. Visite de la ville de Blois. Dîner et coucher à Blois.

4ᵉ Jour. — Départ de Blois. Déjeuner à Chaumont; visite du château de Chaumont. Arrivée à Amboise; visite du château et de la ville. Dîner et coucher à Amboise.

5ᵉ Jour. — Départ d'Amboise. Déjeuner à Vouvray ou à Tours. Visite de la ville de Tours. Dîner et coucher à Tours.

6ᵉ Jour (*facultatif*). — Dans la matinée, excursion à Saint-Avertin. Déjeuner à Saint-Avertin. Retour à Tours. Promenade au château de Plessis-les-Tours. Dîner et coucher à Tours.

7ᵉ Jour. — Départ de Tours. Déjeuner à Luynes; visite du château de Luynes. Visite des châteaux de Langeais et d'Azay-le-Rideau. Dîner et coucher à Azay-le-Rideau.

8ᵉ Jour. — Départ d'Azay-le-Rideau. Déjeuner à Ussé; visite du château d'Ussé. Dîner et coucher à Saumur ou à Chinon.

9ᵉ Jour (*facultatif*). — Départ de Saumur. Déjeuner aux Roziers. Dîner et coucher à Angers.

10ᵉ Jour (*facultatif*). — Visite de la ville et du château d'Angers.

11ᵉ Jour (*facultatif*). — Départ d'Angers. Déjeuner à Brissac; visite du château de Brissac. Visite de l'église de Cunault et du château de Trèves. Dîner et coucher à Saumur.

12ᵉ Jour (*facultatif*). — Départ de Saumur. Déjeuner à Fontevrault; visite de la maison pénitentiaire de Fontevrault. Visite du château de Montsoreau. Arrivée à Chinon; visite de la ville et du château. Dîner et coucher à Chinon.

13ᵉ Jour. — Départ de Chinon. Déjeuner à l'Ile-Bouchard. Dîner et coucher à Loches.

14ᵉ Jour. — Dans la matinée, visite du château de Loches. Départ de Loches après le déjeuner. Visite du château de Chenonceaux. Dîner et coucher à Montrichard.

15ᵉ Jour. — Dans la matinée, visite des ruines du château de Montrichard. Départ de Montrichard après le déjeuner. Visite des châteaux de Cheverny et de Beauregard. Dîner et coucher à Blois.

16ᵉ Jour. — Dans la matinée, promenade dans la ville. Départ de Blois après le déjeuner. Dîner et coucher à Beaugency.

17ᵉ Jour. — Départ de Beaugency et arrivée à Orléans, soit pour déjeuner, soit pour dîner. Excursion facultative aux sources du Loiret.

SIGNES ET ABRÉVIATIONS

Bᵈ.	Boulevard.	G.	Gauche.	M.	Mètre.
Ch.	Chemin.	H.	Heure.	Min.	Minute.
Dr.	Droite.	Hôt.	Hôtel.	R.	Route.
Fᵍ.	Faubourg.	Kil.	Kilomètre.	V.	Voyez.

Les chiffres suivis du signe ' indiquent un *nombre de minutes.*

Exemple : 12', soit douze minutes.

Les chiffres entre parenthèses indiquent la *distance kilométrique* d'une localité à une autre.

GUIDE DE LA TOURAINE

D'ORLÉANS À CHAMBORD

Par Saint-Pryvé, Saint-Mesmin, Saint-Fiacre, Cléry, Lailly, Les Trois-Cheminées, Saint-Laurent-des-Eaux et Nouan-sur-Loire.

Distance : **46** kil. **400** m. *Pavé* : **30** min. *Côte* : **4** min.

Nota. — Pour la visite de la ville d'Orléans, V. à la *Division du temps*, page xi.

De l'hôt. *Saint-Aignan*, situé sur la place *Bannier*, au pont de la Loire, le bicycliste a le choix entre deux itinéraires, soit qu'il traverse la ville par les rues pavées, soit qu'il la contourne par les boulevards macadamisés.

Dans le premier cas, on descend la rue *Bannier* (Pavé : 20'), et, après avoir traversé la place du *Martroi*, ornée de la statue équestre de Jeanne-d'Arc, on continue jusqu'au pont par la rue *Royale*. celle-ci laissant à g. la rue *Jeanne-d'Arc* conduisant à la Cathédrale.

Si on préfère contourner la ville, en allongeant de 500 m., on prendra à dr. de l'hôt. Saint-Aignan le bd *Rocheplatte*, et, à la suite, le bd de la *Madeleine*, puis le bd des *Princes*. Ce dernier aboutit au quai *Barentin* (en partie pavé, mais avec un large trottoir à dr. utilisable) qu'on suivra à g. jusqu'au pont.

Franchissant la Loire, on laissera devant soi de l'autre côté du pont (1.5 — pavé en bois) la r. de Vierzon (79 — direction de Châteauroux et de Bourges) et on tournera de suite à dr. sur celle de Cléry. À la première bifurcation, quittant la bordure du fleuve, dont vous perdez le cours de vue, vous suivrez directement la r. Celle-ci absolument plate, très bonne, traverse Saint-Pryvé (**3**) long village, sorte de faubourg d'Orléans; puis, faisant un coude prononcé à g., franchit la rivière du *Loiret* à l'entrée de Saint-Mesmin; joli paysage.

Petite montée (4') dans Saint-Mesmin (**4**). La r. parcourt un pays assez monotone, mais très bien cultivé, présentant au-delà du village de Saint-Fiacre (**2.7**) une vaste plaine, entièrement plantée de vignes, s'étendant sur une longueur de plusieurs kilomètres.

Bientôt on atteint la petite ville de Cléry (**4.6** — Pavé 10' avec mauvais bas-côtés — Hôt. de la *Belle-Autruche*) où un temps d'arrêt est nécessaire pour visiter sa belle église. On y voit à l'intérieur le tombeau, orné de la statue agenouillée du roi Louis xi, les chapelles de Dunois-Longueville, de Saint-Jacques de Pontbriand et le trésor. •

Après Cléry la r., continuant dans les mêmes conditions d'aspect, dépassé Lailly (**7.7** — Hôt. du *Cygne-de-la-Croix*), où croise la r. de Ligny-le-Ribault (**12.3**) et de la Motte-Beuvron (**31.1**) à Beaugency (**5.1**), puis le village moins important des Trois-Cheminées (**2.2** — Café *Mousset*) situé sur une petite montée.

A partir des Trois-Cheminées le pays, moins monotone, se boise. On coupe (**3**) la r. de Beaugency (**5.5**) à la Ferté-Saint-Cyr (**9**) et à Romorantin (**46**). Ensuite quelques ondulations présentant quatre petites descentes, suivies de légères montées, mènent à Saint-Laurent-des-Eaux (**3.5** — Hôt. et café *Denis*).

Entre Saint-Laurent-des-Eaux et Nouan-sur-Loire, nouvelles ondulations insignifiantes; au hameau du Cavereau, petite échappée de vue sur la Loire.

Dans Nouan-sur-Loire (**5.4**) le bicycliste remarquera la maison d'un modeste café sur laquelle sont inscrits des vers composés par M. Duneau, cafetier-sabotier et poète mystique. Cent m. plus loin, s'élève à g. de la r. une croix et, sur son piédestal, on retrouve des vers du même auteur.

Dépassé Nouan, parvenu au deuxième ch. à g. (**0.7**), faire attention, car ici vous devez quitter la r. directe de Blois (**22**) pour vous engager à g. sur le ch. de Chambord, appelé chemin du *Maréchal*.

Quand on aura parcouru une centaine de m. sur ce ch., on passera à côté de l'*ermitage Duneau*, dédié à Saint-Antoine-de-Padoue, encore décoré d'inscriptions en vers du poète-sabotier. Plus loin, après avoir coupé le ch. de Mer (6) à Crouy (6), laissant à dr., dans la plaine, le village de Muides, on atteindra, au *pavillon de Muides*, une des portes du mur d'enceinte (32 kil. de tour) du domaine de Chambord.

Le ch., plat, traversant une plaine découverte, longue de un kil., se dirige en ligne droite vers le bois de Chambord dont l'ombrage fera plaisir. Descente légère depuis la *borne 10*, ensuite le ch., faisant un brusque détour à g., conduit vis-à-vis la grandiose façade du *château de Chambord* situé au milieu d'une immense pelouse. On traverse la rivière du *Cosson* et bientôt vous apercevez à dr. l'hôt. du *Grand-Saint-Michel* (**8.1** — pension de 6 à 8 fr. par jour, charmant lieu de villégiature, centre de nombreuses excursions dans le parc) où vous devez dîner et coucher.

Visite du château de Chambord. — Le château de Chambord, une merveille d'architecture, bâti par François I", appartient aujourd'hui aux neveux de Mgr le comte de Chambord, le duc de Parme et le comte de Bardi.

Si on est arrivé de bonne heure à Chambord on pourra visiter le château avant le dîner (Durée de la visite : 45'— rétribution: 50 c.). Dans ce cas le lendemain matin, au lieu de déjeuner à Chambord, on ira déjeuner à Blois et on aura ainsi toute l'après-midi à consacrer à cette ville.

Nota. — Il est curieux d'assister au repas des faisans qui a lieu to... les jours à 3 heures à la faisanderie du château de Char...ord.

DE CHAMBORD A BLOIS

PAR LA CHAUSSÉE-DU-COMTE, HUISSEAU, LE CHATEAU
ET SAINT-GERVAIS.

Distance : **16** kil. **200** m. *Pavé* : **10** min.
Côtes : **17** min.

Quittant l'hôt. du *Grand-Saint-Michel*, on suivra à
dr. le ch. qui, au début, montant légèrement, tourne à
dr. de la ferme, puis continue à plat et en ligne droite
jusqu'à la porte de la Chaussée-du-Comte, située à la
sortie du parc.

Dans le village de la Chaussée-du-Comte **(3.3)**,
suivre la r. devant soi (Côte : 5'). Celle-ci, serpentant
sur un plateau assez dénudé, domine à une certaine
hauteur le *Cosson*, petite rivière coulant à dr. dans le
fond du paysage. Vous traversez Huisseau **(2** — Côte : 2')
en ayant soin de continuer tout droit. Après une plaine,
le ch. descend un moment, puis longe à dr., en montant (8'), d'abord la lisière du bois, ensuite le mur du
château des Crotteaux. On franchit le pont de la *ligne
de Blois à Romorantin*; petite descente au village du
Château **(3.5)** suivie d'un raidillon (2').

Le ch., ondulant et serpentant, dépasse successivement les hameaux du Greffier et du Château-
Rouge, traverse la ligne du tramways de Blois à La
Motte-Beuvron, et, longeant quelque temps les rails,
descend vers Vineuil, village situé sur la dr. de l'autre
côté du Cosson. On atteint ainsi bientôt **Saint-Gervais (4.6)**, localité connue pour ses fromages à la
crème, où on rejoint la large r. de Blois à Cellettes (6)
et à Contres (19 — direction de Châteauroux).

Ici, tourner à dr. pour se diriger en ligne droite vers
Blois où vous entrez par le faubourg de *Vienne*.

Ayant traversé le pont de Blois **(2)**, bâti en dos d'âne,
on arrive au pavé (10') de la rue *Denis-Papin*. Suivre

cette rue jusqu'au pied de l'escalier monumental dominé par la statue de Denis Papin. Ici tourner à g. et, ayant dépassé la place du *Marché-Neuf*, vous vous arrêterez à l'hôt. de *Blois* (**0.8** — Cafés de *Blois, Grand-Café*) situé quelques m. plus loin à droite.

Visite de la ville de Blois. — Pour se rendre au château, en sortant de l'hôt. se diriger à dr. vers la place voisine, ornée d'un square, la place *Victor-Hugo*. Gravir l'escalier à g. puis monter à g. à la place du *Château* où se trouve l'entrée des visiteurs (Durée de la visite : 1 h. 15 min. — rétribution : 50 c.) Le *château de Blois*, rebâti par Louis XII, François Iᵉʳ et Gaston d'Orléans, renferme une série de splendides appartements parmi lesquels on remarque les salles où se déroula la sanglante tragédie du meurtre du duc de Guise, en 1588, et la fenêtre de la pièce par laquelle Marie de Médicis s'évada — La Cathédrale — Jardins de l'Évéché (très belle vue sur la Loire) — Anciens hôtels et vieilles maisons du XIII, XIV, XV et XVIᵉ s. — Église Saint-Nicolas.

Excursion recommandée au départ de Blois. — Par Molineuf (9), le moulin d'Andillon (1.8), la fontaine d'Orchaise, Molineuf (1.8), Chambon (2.), le château de Bury (1 — Belles ruines, curieux souterrains), Chambon (1), Coulanges (3.5), La Guiche (0.5 — Restes d'une ancienne abbaye), Chouzy (2.2) et retour à Blois (11) par le bord de la Loire.

Pour mémoire. — De Blois à Chartres, par Oucques (26), Écoman (10), La Ferté-Vilneuil (12), Châteaudun (12), Marboué (6), Bonneval (8), Vitray-en-Bauce (11), La Bourdinière (5), Thivars (7) et Chartres (8). — au **Mans,** par la Chapelle-Vendomoise (11), Le Breuil (5), Villemorain (6), Vendôme (10), Azé (9), Épuisay (8), Saint-Calais (15), Montaillé (5), Bouloire (11), La Coquillère (14), Yvré (7) et le Mans (7). — à **Bourges,** par Cour-Cheverny (12), La Gaucherie (7), Mur (10), Romorantin (12), Villefranche (8), Longon (5), Mennetou (4,) Ténioux (6), Mery (5), Vierzon (5), Mehun (18) et Bourges (14). — à **Châteauroux,** par Cormeray (15), Contres (6), Chemery (9), Selles (10), Luciou (7), Valençay (7), La Taupliére (5), Levroux (10), Vineuil (9) et Châteauroux (11).

DE BLOIS A AMBOISE

Par Chouzy, Chaumont, Rilly, Mosnes et Chargé.

Distance : **35** kil. **100** m. *Côtes* : **21** min.

Nota. — N'étant pas pressé, on pourrait comprendre l'excursion à la fontaine d'Orchaise et aux ruines du château de Bury (V. page 13) dans l'étape de Blois à Amboise, en allongeant de 13 kil. environ. Dans ce cas se rendre de Blois à Chouzy, comme il est indiqué à l'itinéraire de *l'excursion recommandée au départ de Blois*, page 13.

Sortant de l'hôt. de *Blois*, se diriger à dr. vers le square de la place *Victor-Hugo* (Côte : 6'). Contourner ce square à g., puis gravir, vis-à-vis, les neuf marches en pierre de l'escalier adossé au mur du jardin suspendu dit de la *Reine Claude*. Parvenu au sommet de la petite rampe suivre devant soi et un peu à dr. l'allée des *Lices*, bordée de maronniers. A l'extrémité de cette avenue faire attention : tourner à dr. et descendre de suite à g. une pente rapide rejoignant le bd de l'*Ouest*[1]. Celui-ci coupe la rue *Augustin-Thierry* et gagne les bords de la Loire par une belle descente amenant au quai des *Imberts*, à l'angle des abattoirs et de l'octroi.

Ici, tournant à dr. on jouira alors de la vue du fleuve, au cours majestueux, qui sera votre compagnon pendant la plus grande partie du voyage. Le bicycliste suit en effet à partir de cet endroit la magnifique r., en talus, appelée *levée de la Loire*, formant digue contre les inondations, entre Blois et Angers.

De Blois à Chouzy (**10.4**), gros village laissé à 800 m. à dr. de la r., deux seules petites montées : la première de 300 m. la deuxième de 100 m. De Chouzy au pont suspendu d'Ecure (**6**) on roule sur une véritable piste, bordée par intervalles de magnifiques peupliers.

Traverser à g. le pont suspendu d'Ecure puis tourner à dr. dans le village de Chaumont (**0.9** — Hôt. de l'*Avenue-du-Château*) où on s'arrêtera pour déjeuner,

---

1. — On peut encore suivre, à dr. de l'escalier aux neuf marches, la rampe de voiture, bordée d'une balustrade de pierre, menant à l'avenue Victor-Hugo. Celle-ci conduit (Côte : 10') à la gare où on tournera à g. sur le bd de l'Ouest, qui longe la ligne, pour passer sous le pont en fer qu'on aperçoit devant soi et continuer comme il est indiqué dans l'itinéraire.

Quelques m. après avoir dépassé l'hôtel, si on veut visiter le château (20'— visible tous les jours en l'absence de la propriétaire; le Jeudi seulement pendant son séjour — très belles tapisseries — rétribution, 50 c.), on pénétrera à g. dans le parc par la grille située à l'angle des deux chemins. Une jolie allée ombragée (conduire sa machine à la main) monte (10') au château. Magnifique vue de la Loire à dr. près des bancs. Bientôt on atteint le pont-levis du beau *château de Chaumont* (**O.8**), jadis habité par Diane de Poitiers, Catherine de Médicis, aujourd'hui propriété de Mme la princesse de Broglie.

En sortant du château, suivre la petite allée à dr.; puis, laissant devant soi un pont rustique, incliner à g. et s'engager dans un passage, resserré entre deux murs, conduisant aux communs du château. Ici tourner à dr. et descendre (à pied : 5') le ch. rocailleux ramenant à la r. de la rive g. de la Loire. Celle-ci, aussi bonne dans la belle saison que la r. de la rive dr., est plus pittoresque, raccourcit d'environ 3 kil. et ne présente que deux ou trois petites montées insignifiantes. On la choisira donc de préférence en venant de visiter le château de Chaumont.

Vous traversez successivement les villages de Rilly (**4**) et de Mosnes (**3** — Hôt. et café du *Commerce*). Plus loin on dépasse une petite propriété dont le jardin est décoré de statuettes de tous styles. Au hameau de la Callonnières, dont vous remarquerez les granges et les caves creusées dans le rocher, on rejoint les bords de la Loire. Laissant à g. le village de Chargé (**6**), défendu contre les crues du fleuve par la digue en pierre et terre qui borde la r. à dr., on ne tarde pas à apercevoir le pont et la ville d'Amboise et vous atteignez bientôt sur le quai l'hôt. du *Lion-d'Or* (**4** — Café de *Bellevue*).

Visite de la ville d'Amboise. — Le *château d'Amboise*, qui appartient aujourd'hui au duc d'Orléans, fils du comte de Paris, demande une heure pour être visité (rétribution : 50 c. — vue magnifique du haut de la tour) — Hôtel de ville — Ancien porte féodale.

Pour mémoire. — D'Amboise à **Saint-Calais**, par Autrèche (**13**), Château-Renault (**12**), Montoire (**18**), Savigny (**14**) et Saint-Calais (**15**). — à **Loches**, par Bléré (**9**), Saint-Quentin (**17**) et Loches (**10**).

D'AMBOISE A TOURS

Par Nazelles, Noizay, Vernou, Vouvray et Sainte-Radegonde.

Distance : **25** kil. **700** m. *Pavé* : **8** min. *Côte* : **1** min.

A la sortie de l'hôt. du *Lion-d'Or*, gravir vis-à-vis la rampe du pont (1') et franchir la Loire. Parvenu à l'extrémité du premier pont jeter un coup d'œil en arrière sur la ville d'Amboise dont on a d'ici une très belle vue.

Après le second pont on pourrait se rendre directement à Vouvray par la *levée de la Loire*, bordant le fleuve à g., en passant à La Frillière, ce qui raccourcirait d'env. 3 kil. ; néanmoins, la levée de la Loire laissant parfois à désirer entre Amboise et Tours, nous conseillerons de préférence l'itinéraire suivant :

Descendre vis-à-vis le pont et un peu à dr., la petite rue de *Nazelles*, à g. du café du *Midi*, et traverser dans toute sa largeur les prairies de la vallée de la Loire. On franchit le passage à niveau de la *ligne d'Orléans à Tours* ; puis la r., plate, atteint Nazelles au-delà du pont en dos d'âne sur le ruisseau du *Bray*.

Dans Nazelles (**3**), parvenu à hauteur du café du *Bon-Vigneron*, s'engager à g. sur le ch. de Vouvray par Noizay. Ce joli ch. longe le pied de coteaux plantés de vignes parmi lesquelles s'élèvent quelques gracieuses villas et maisons adossées à des rochers.

Après Noizay (**5**) on longe un moment la rivière de la *Cisse* ; ensuite le ch., se dirigeant à dr., mais abandonnant bientôt la direction de Chançay (5.3), traverse à g. à Vernou (**4**), et sur deux ponts, la rivière de la *Brême*. Ayant franchi le passage à niveau de la *ligne de Tours à Blois* vous arriverez à Vouvray (**4.2** — Hôt. *Saint-Eloi*) pays renommé pour ses excellents vins blancs.

Quelques m. après avoir dépassé l'hôt. Saint-Eloi on tournera à g. en suivant la ligne du télégraphe et celle des tramways à vapeur de *Vouvray à Tours*; on rejoint ainsi la levée de la Loire. A dr., sur la colline, le joli *château de Moncontour*; à g. la r., toujours défendue par un parapet de terre et de pierre, longe la Loire. Dans le lointain la ville de Tours apparaît. Le paysage est ici remarquable et le bicycliste ralentira son allure pour admirer ce beau parcours.

Deux kil. plus loin on passe au pied de la *lanterne de Rochecorbon*, petite tour du XVᵉ s. dont la conformation lui donne plutôt l'aspect d'une cheminée. Deux kil. environ encore plus loin, en atteignant le quai *Sainte-Radegonde*, on aperçoit sur la colline, à dr., les ruines de l'enceinte fortifiée de l'ancien abbaye de Marmoûtier dont on dépasse la porte d'entrée.

Parvenu à la grille de l'octroi de Tours, pour éviter le pavé, traverser à g. le pont suspendu de *Saint-Symphorien* (péage, 5'); puis tourner à dr. par les quais du *Vieux-Pont* et de *Foire-le-Roi* (Pavé 8') conduisant, à hauteur du *Grand-Pont* de pierre (**9.5**), sur la place de l'*Hôtel-de-Ville* décorée de deux squares. Passant à g. entre le bâtiment du Musée et celui de l'Hôtel de Ville on entrera dans Tours par la rue *Nationale*. A dr., dans cette rue, est situé l'hôt. des *Négociants* (Cafés du *Commerce*, de la *Ville*).

Visite de la ville de Tours (environ 3 h.). — La Cathédrale (beaux vitraux — monter au clocher; rétribution, 1 fr.; magnifique vue) — Basilique moderne de Saint-Martin (pèlerinage au tombeau de ce saint). — Musée de peinture à l'Hôtel de Ville — Églises Saint-Julien et de Notre-Dame-de-la-Riche.

Excursions recommandées au départ de Tours. — Le bicycliste disposant d'une journée supplémentaire devra se rendre dans la matinée à Saint-Avertin, où il déjeunera; ensuite aller visiter, dans la journée, ce qui subsiste encore du *château de Plessis-lès-Tours*, en tout 16 kil. 300 m. *Itinéraire*: suivre la rue *Nationale* jusqu'à la place du *Palais-de-Justice*, puis prendre, vis-à-vis, l'avenue de *Grammont* en longeant la ligne du tramway. On passe sous la voie du ch. de fer et, après un pont sur une autre ligne, laissant à dr. (2.8) la route de Villandry, on franchira le pont du Cher. Un kil. plus loin, au pied du *château de Grammont* (1.2), abandonnant à dr. la r. de Châtellerault, on tournera brusquement à g. pour se diriger vers Saint-Avertin (2 — Café-rest. *Fouqueux*) charmant village sur le Cher, promenade favorite des Tourangeaux. A Saint-Avertin, traversant le Cher, on longera un moment la rive droite de cette rivière pour atteindre (1,5) le *canal du Cher à la Loire*. Suivre le bord du canal jusqu'à la Loire (2,3) où, tournant à g., on reviendra, par les quais, à la place de l'Hôtel-de-Ville de Tours (1,5). Traversant cette place on suivra les quais du *Pont-Neuf*, de la *Poissonnerie*, du *Port-Bretagne*, et, arrivé vis-à-vis le Champ de Mars, à g. le b^d de *Preuilly*. Laissant à dr. le quartier de cavalerie on traversera la place *Louis-Desmoulins* pour sortir de la ville par la porte de *La Riche* (1,5). Hors la ville, la deuxième rue à g., conduit directement au fameux *château de Plessis-lès-Tours* (1), où mourut Louis XI, aujourd'hui déchu de sa splendeur et devenu l'habitation de paysans. Revenir à Tours (2,5) par le même ch.

Autre jolie excursion aux environs de Tours : Se rendre à la route de Villandry (2,8 — V. ci-dessus) ; puis, prenant cette r. à dr., on ira traverser le Cher au hameau de Saint-Sauveur (1,5) pour se diriger ensuite vers Savonnières (11) où on visite des *caves gouttières*, aux cristallisations remarquables. De Savonnières aller à Villandry (3), et, après avoir vu l'église et le *château de Villandry*, traverser le Cher au bac voisin. De l'autre côté de la rivière suivre à dr. la r. longeant le Cher. Parvenu à hauteur de la station de Savonnières (5) on aura le choix entre deux itinéraires pour rentrer à Tours : soit qu'on continue sur la rive du Cher jusqu'à Saint-Sauveur (11,5) et de là à Tours (4,3) ; soit qu'on traverse le ch. de fer, à g., à la station de Savonnières pour aller rejoindre le bord de la Loire et se diriger ensuite à dr. vers Saint-Genouph (5,5). De Saint-Genouph on revient à Tours (7) par le faubourg de La Riche.

Pour mémoire. — De Tours à Chartres, par Monnaie (16), Château-Renault (15), Neuve-Saint-Amand (12), Vendôme (14), Pezou (11), Saint-Hilaire (Cloyes (8), Châteaudun (11) et Chartres (45 — V. page 13). — au **Mans**, par la Membrolle (5), Neuillé-Pont-Pierre (10), Dissay (14), Château-du-Loir (6), Luceau (4), Ecommoy (16), Mulsanne (8) et le Mans (13). — à **Bourges**, par Montlouis (10), Saint-Martin-le-Beau (8), La Croix-de-Bléré (7), Chenonceaux (6), Montrichard (10), Thésée (9), Noyers (10), Châtillon-sur-Cher (8), Selles-sur-Cher (7), Villefranche (18) et Bourges (57 — V. page 13). — à **Châteauroux**, par Cormery (19), Chambourg (15), Loches (6), Perrusson (4), Fleré-la-Rivière (11), Châtillon-sur-Indre (6), Clion (7), Buzançais (16), Villedieu (10) et Châteauroux (14). — à **Poitiers**, par Chambray (7), Montbazon (6), Sorigny (7) Sainte-Catherine (10), Sainte-Maure (4), La Selle-Saint-Avent (10), Port-de-Pilles (2), Les Ormes (4), Dangé (4), Ingrande (8), Châtellerault (7), Les Barres-de-Naintré (8), La Tricherie (5), Clain (8) et Poitiers (11).

DE TOURS A AZAY-LE-RIDEAU

Par Port-de-Luynes, Luynes, Chappe-la-Rouelle, Pont-de-Brenne, Cinq-Mars, Langeais et Lignères.

Distance : **34** kil. **500** m. *Pavé* : **6** min. *Côtes* : **36** min.

Nota — Étape courte afin de permettre de visiter dans la même journée les châteaux de Luynes, de Langeais et d'Azay-le-Rideau. S'arranger pour arriver à Azay-le-Rideau vers 5 heures, le château n'étant ouvert que de 1 h. à 7 h. on ne pourrait le visiter le lendemain matin avant le départ.

Quitter Tours par la place de l'Hôtel-de-Ville (Pavé : 2') et tourner à g. sur la *terrasse des Carmélites* pour se diriger ensuite, par les quais du *Pont-Neuf* et de *La Poissonnerie*, vers le pont *Bonaparte*. Traversant ce pont suspendu (péage 5' — vue magnifique) on rejoint (**1**) de l'autre côté du fleuve, la *levée de la Loire* qu'on suivra à gauche.

Cinq cents m. plus loin on passe devant l'église de Saint-Cyr ; puis, laissant à g. le beau pont en pierre, dit le *pont de La Motte*, de la *ligne de Vendôme*, on franchit (**2.2**) la petite rivière de la *Choisille*. A dr., au milieu d'une jolie pelouse, s'élève le *château du Grand-Martigny* (**1.8**) situé sur l'emplacement d'une ancienne abbaye où séjourna Saint-Martin.

Parvenu à hauteur de la *borne 43*, au hameau de Port-de-Luynes (**5**), tourner à dr. sur le ch. de Luynes. Dans ce village, ayant dépassé le bureau de poste, tourner à g. pour arriver à la place de *l'Hôtel-de-Ville* (**1.1**) où se trouve situé une des entrées de l'hôt. du *Lion-d'Or*.

Laissant en garde sa machine à l'hôt. du Lion-d'Or, (où on déjeunera, après être monté au château) traverser l'hôtel et gravir, de l'autre côté de la vieille halle, les 131 marches de l'escalier conduisant au *château de Luynes* (xve xviie s.). On ne visite pas les apparte- ments de cette propriété, qui appartient à M. le duc de Luynes, mais il est permis d'admirer la vue de la vallée de la Loire du haut de la terrasse et du chemin de ronde du château (25' — rétribution, 50 c.).

Reprendre sa machine à l'hôtel ; ensuite redes- cendre la rue à g. de l'Hôtel de Ville et, avant d'atteindre le bureau de poste, tourner à dr. sur le joli ch. montant (3'), appelé *chemin des coteaux*, qui ondule au pied des collines limitant de ce côté la vallée de la Loire :

On traverse un gracieux vallon au hameau de Chappe- la-Rouelle (Côte 6') ; puis, après une nouvelle petite côte (2'), on rejoint à Pont-de-Brenne (**3.5**) la levée de la Loire.

A proximité du bourg de Cinq-Mars on dépasse à dr. une vieille tour très élevée, ensuite abandonnant à g. la levée de la Loire, en vue du pont de la *ligne de Tours à Angers*, on obliquera à dr. pour traverser Cinq-Mars (**4.2** — Pavé 2' — Hôt. du *Chemin-de-fer*) où se détache à dr. la r. de Pernay (11.5). Un kil. plus loin on laisse à dr. la r. de Château-la-Vallière (29), par Cléré (14).

Arrivé à Langeais (**5.7** — Pavé : 2' — vin blanc renommé), suivre les rues de *Tours* et *Thiers*. Laisser sa machine en garde à l'hôt du *Lion-d'Or* et aller visi- ter le curieux *château de Langeais* (xve s.), propriété actuelle de M. Sigefrid (45' — rétribution, 50 c. — appar- tements meublés dans le style gothique, ornés de très intéressantes collections d'armes et de tapisseries anciennes), où fut célébré autrefois le mariage de Charles viii avec Anne de Bretagne (1471).

Lorsqu'on aura repris sa machine à l'hôt. du Lion- d'Or, on traversera le pont vis-à-vis, et, par la rue de la *Gare*, on ira franchir le passage à niveau du ch. de fer. Près de là, rejoignant à dr. la levée de la Loire, vous traverserez à g. le pont suspendu.

La r. descend, tourne d'abord à g., à deux cents m. environ du pont, puis, de suite à dr. pour se diriger vers le village de Lignières, en traversant des prairies arrosées par l'ancien lit du *Cher*.

A partir de Lignières (7) on gravit une longue côte de 1.500 m. (25') gravissant l'arrête qui sépare la vallée de la Loire de celle de l'Indre. La r. s'abaisse ensuite rapidement, oblique à g., et conduit à plat, après avoir dépassé le *moulin de Charrière*, au bourg d'Azay-le-Rideau (3).

Visite du château d'Azay-le-Rideau. — En arrivant à Azay-le-Rideau on ira déposer sa machine à l'hôt. du *Grand-Monarque* et on se rendra de suite au château (45' — rétribution, 50 c. — visible de 1 h. à 7 h).

Le *château d'Azay-le-Rideau*, baigné par l'Indre, entouré d'un parc ravissant, fut construit sur pilotis par Gilles Berthelot, conseiller de François I°. Il appartient aujourd'hui au marquis de Biencourt et renferme une collection remarquable de tableaux et de portraits.

Pour mémoire. — D'Azay-le-Rideau à Poitiers, par l'Ile-Bouchard (17), Richelieu (16), Lencloitre (20) et Poitiers (25). — à Châtellerault, par Villaines (6), Nueil-sous-Crissay (7), Saint-Epain (4), Noyant (5), Sainte-Maur (5) et Châtellerault (35 — *V.* page 18).

D'AZAY-LE-RIDEAU A SAUMUR

Par La Chapelle, Rivarennes, Ussé, Cuzé, Néman, Port-Boulet, Chouzé-sur-Loire, Gaure et Ville-bernier.

Distance : **46** kil. **500** m. Pavé : **18** min.
Côtes : **21** min.

Nota. — Le bicycliste pressé qui voudra abréger son voyage, sans aller jusqu'à Saumur et Angers, pourra, au-delà de Cuzé (V. page 23), rejoindre notre itinéraire de retour à Chinon (V. page 34). Toutefois il devra toujours passer par Rivarennes, Ussé et Cuzé, la r. directe d'Azay-le-Rideau à Chinon (21.5) par la *forêt nationale de Chinon* étant peu recommandable.

Au sortir de l'hôt. du *Grand-Monarque*, descendre à g. la r. de Chinon, en traversant tout le bourg d'Azay-le-Rideau. On franchit les ponts jetés au-dessus des grasses prairies de la vallée de l'*Indre*, puis on atteint le village de La Chapelle (**1** — Côte : **3'**). Dans La Chapelle, parvenu à hauteur du bureau de tabac, abandonner la r. directe de Chinon et tourner à dr. sur le ch. de Rivarennes.

Celui-ci monte d'abord (**2'**), ensuite descend la vallée de l'Indre en ondulant agréablement; une montée (**3'**). Deux kil. plus loin vous longez la *ligne de Tours à Chinon* jusqu'à Rivarennes et la traversez trois fois : sur un premier passage à niveau, à dr., sur un second à g. et enfin sous une voûte à proximité de la station de Rivarennes (**8.6**).

Dans ce village, vis-à-vis l'hôt. du *Croissant*, tourner à dr. De Rivarennes à Ussé le ch. est actuellement déplorable, toutefois il doit être prochainement réparé, lorsque une petite ligne de ch. de fer, genre *Décauville*, desservira la minoterie d'Ussé.

A Ussé (**5.2**) déjeuner à l'hôt. de la *Croix-Blanche*, puis, laissant sa machine, aller visiter le magnifique *château d'Ussé* de l'époque de la Renaissance, propriété de M. le duc de Blacas (45' — rétribution, 50 c. — belle collection de portraits).

Quand on aura vu le château, et repris sa machine à l'hôt. de la Croix-Blanche, on continuera sa r. dans la direction du pont de Port-Boulet. Le ch., redevenu bon, passe au-dessous du château d'Ussé et suit encore la jolie vallée de l'Indre. Il présente trois petites montées (2', 3' et 4') jusqu'au hameau de Cuzé (**2**).

A la descente on laisse à g. (**1.2** — pas de poteau indicateur) le chemin accidenté de Huismes, par lequel on peut se rendre directement à Chinon (9 — *V.* page 33).

Après une dernière petite montée (2'), vous descendez, puis roulez à plat, en vous rapprochant du cours de l'Indre. On passe à Néman (**3**), et on atteint l'embouchure de l'Indre où les eaux de cette rivière se confondent avec celles de la Loire.

Pendant 2 kil., le ch., empruntant l'aspect d'un ch. de halage, cotoie la rive g. de la Loire, jusqu'au pont en pierre de Port-Boulet (**4**). Passant sous l'arche, on gravira (2') à g. la rampe du pont, et on traversera la Loire, en même temps que la *ligne de Chinon à Château-la-Vallière*, pour arriver au hameau de Port-Boulet (**1.2**).

Ici, abandonnant la direction de Bourgueil (4.5 — vin rouge renommé), tourner à g. sur la levée de la Loire. R. excellente, absolument plate, mais un peu monotone, durant huit kil. On traverse Chouzé-sur-Loire (**2.3**), ensuite on perd de vue le fleuve pendant six kilomètres.

On rejoint sa rive à hauteur du gros bourg de Montsoreau situé sur la rive g. Vous passez à Gauré (**8**), à Villebernier (**6**) et atteignez bientôt par une rampe pavée (3' — trottoir droit) le pont de Saumur (**3** — vins renommés).

Tourner à g. (pavé : 15') pour traverser un premier pont sur la Loire; puis par la rue *Nationale*, et ayant franchi un second pont, on entre dans Saumur par la place de la *Billange* en laissant à g. le théâtre, vaste édifiée avec colonnade. Continuant devant soi par la rue d'*Orléans* on tournera à g., vis-à-vis la Poste et à l'angle du café de la *Paix*, pour arriver à l'hôt. de la *Paix* (**1** — Cafés du *Commerce*, de la *Paix*), situé à g. à l'entrée de la rue *Dacier*.

Visite de la ville de Saumur. — Hôtel de Ville — Eglises Saint-Pierre et de Notre-Dame-de-Nantilly — Ecole de Cavalerie. — Très belle vue du haut de la butte des moulins. — Le *château de Saumur* (XIIIᵉ, XVIᵉ et XVIIIᵉ s.) sert aujourd'hui d'arsenal et de poudrière.

Excursion recommandée au départ de Saumur. — Par Bagneux (2 — Beau dolmen à visiter), Varrains (2.5), Saint-Cyr-en-Bourg (3.5), Brézé (2.5 — Château renaissance), Meigné (6), Méron (2) à Montreuil-Bellay (3 — Curieux château féodal restauré) et retour par le Coudray-Macouard (7), Distré (3.5) et Saumur (5).

Pour mémoire. — De Saumur au Mans, par Longué (17), Jumelles (5), Cuon (6), Baugé (7), Montpollin (4), Clefs (3), La Flèche (9), Clermont (5), La Fontaine-Saint-Martin (9), Fouilletourte (5), Guécelard (7), Arnage (8) et le Mans (8). — à **Poitiers**, par Fontevrault (16 — V. page 31), Roiffé (7), Loudun (14), Mirebeau (26) et Poitiers (26). — à **Niort**, par Le Coudray (8), Montreuil-Bellay (8), Thouars (18), La Mau-Carrière (18), Parthenay (20), Mazières (15), Echiré (17) et Niort (8). — à **La Roche-sur-Yon**, par Doué (18), Concourson (6), Vihiers (15), Vezins (14), Cholet (15) et La Roche-sur-Yon (65 — V. page 27).

DE SAUMUR A ANGERS

Par Saint-Martin-de-la-Place, Saint-Clément, Les Rosiers, Saint-Mathurin et La Daguenière.

Distance : **47** kil. **200** m. *Pavé* : **44** min.

Quitter Saumur (Pavé : 15') en retraversant les deux ponts de la Loire et, au-delà du deuxième pont, laissant à g. l'ancienne gare, et devant soi les r. du Lude (18) et de Baugé (33), tourner à g. (**1.2**) sur la r. de Saint-Mathurin; petite descente. Vous passez devant la nouvelle gare et reprenez la levée de la Loire tout en restant éloigné du fleuve. Un kil. plus loin on traverse Saint-Lambert-des-Levées (**1.5**) pour franchir ensuite le passage à niveau du ch. de fer près la voûte de la *ligne de Saumur à Angers*; petite montée.

A la sortie de Saint-Martin-de-la-Place (**6.5**) la r. cotoie la Loire tandis que sur la rive g. on aperçoit le *château de Chênehutte*. Plus loin, vis-à-vis le village de Saint-Clément (**2**), on remarquera sur la même rive opposée la grosse *tour de Trèves*, enfin on atteint Les Rosiers (**5.4**—Hôt. de la *Poste*), gros bourg relié à celui de Gennes par un pont suspendu qu'on laisse à g. Sur la place des Rosiers s'élève la statue de *Jehanne de Laval*, femme du roi René, qui fit construire la levée de la Loire.

Après les Rosiers, la r. continue, excellente, entre la plaine bien cultivée, à dr., et le fleuve à g. A hauteur de la *borne 34* (**6.4**), on aperçoit sur la rive g. le *château de Saint-Maur*; tandis qu'à dr. se détache la r. de Baugé (25) par Beaufort (7).

A l'entrée de Saint-Mathurin (**4**. — Hôt. du *Cheval-Blanc*) on laisse à g. le pont suspendu, par lequel passe la r. de Brissac (13.4) et de Beaulieu (28.6). Si on veut

éviter le pavé (8') de Saint-Mathurin suivre le quai à
g., puis le trottoir g. jusqu'à la sortie du bourg.

On dépasse ensuite successivement le village de La
Bohalle (**5.5**), où a été érigée une colonne surmontée du
buste de *Jehan Bohalle*, puis le très long bourg pavé de
La Daguenière (**3.7**) mais présentant un petit bas côté g.
médiocre avec quelques passages pavés auxquels il faut
faire attention.

Depuis La Daguenière la r. s'éloigne de la Loire
qu'on perd de vue. Vous franchissez le *pont de Sorges*
(pavé : 1') sur l'*Authion* et bientôt les clochers de la
ville d'Angers apparaissent dans le lointain.

A la Pyramide (**5**), bifurcation de la r. de Trelazé (2
— Ardoisières dont on pourra aller visiter les galeries
si on a du temps avant la fin de la journée) et de Beaufort (**23**), commence pour ainsi dire le faubourg d'Angers
dont l'aspect, peu pittoresque, rappelle l'abord des
villes manufacturières, tandis que se profilent à dr. les
puits des ardoisières de Trelazé. La r. toute directe,
entre des maisons espacées par des longs murs, ondule
en montant insensiblement jusqu'à l'entrée de la rue
Saumuroise (Pavé : 20' — trottoir g. utilisable; se
méfier des contraventions).

Parvenu à hauteur de la jolie église gothique de la
Madeleine suivre à g. la rue *Volney* où le macadam
reparaît. On arrive ainsi dans Angers à un rond-point,
planté de magnolias, appelé place *André-Leroy*. Ici
tourner à dr. par la rue *Desjardins* (trois petits passages
pavés) passant devant l'église *Saint-Joseph*. A l'extrémité de la rue Desjardins, en vue de la grille du *Mail*,
ou jardin public, tourner à g. par la rue *Ménage* aboutissant place de *Lorraine* (**6**) décorée de la statue du
statuaire *David d'Angers*. A g. de cette place, et à l'angle
du b^d de *Saumur*, est situé l'hôt. d'*Anjou*.

Visite de la ville d'Angers. (Une journée) — La Cathédrale
— Le Logis Barrault où se trouvent réunis les musées —
Le *château d'Angers*, construit par Saint-Louis, un des plus
magnifiques monuments d'architecture militaire du moyen
âge — Vue de la terrasse de l'Esplanade sur la Maine et la
ville basse — Le Jardin des Plantes — Maisons anciennes du
XV au XVIIIe s.

Excursions recommandées au départ d'Angers. — 1° par Cantenay-Epinard (7), Soulaire (6), Bourg (1.5), Le Plessis-Bouré (2 — Château féodal renfermant de belles peintures), Bourg (2), Soulaire (1.5), Feneu (4), Bené (4), Montreuil-Belfroi (2), Le Plessis-Macé (5.5 — Ancien château du xv° s.) et retour à Angers par Avrillé (8.5) et Angers (4.5). — 2° Par Empiré (6.5), Bouchemaine (1.5), La Garrée (3), au château de Serrant (11) et retour par Saint-Georges-sur-Loire (1.5), Savonnières (9), Epiré (3), La Pointe (2), Bouchemaine (2), Empiré (1.5) et Angers (6.5).

Pour mémoire. — D'Angers au Mans, par Suette (19), Le Bourgneuf (5), Lezigne (3), Durtal (6), Bazouges (6), La Flèche (7) et le Mans (42 — V. page 24). — à **Laval**, par Avrillé (6), La Membrolle (8), Grez-Neuville (5), Le Lion-d'Angers (3), Montreuil (3), Château-Gontier (20), La Loge (13) et Laval (16). — à **Rennes**, par Saint-Jean (10), Bécon (10), Louroux-Béconnais (7), Candé (12), La Chapelle-Glain (14), Saint-Julien-de-Vouvantes (5), Châteaubriant (13), Rougé (9), Thouric (9), La Gouyère (5), Corps-Nuds (13), Veru (8) et Rennes (10). — à **Nantes**, par Saint-Georges (17), Champtocé (8), Varades (13), Ancenis (13), Oudon (9), La Seilleray (15) et Nantes (14). — à **La Roche-sur-Yon**, par Les Ponts-de-Cé (5), Saint-Lambert-du-Lattay (19), Chemillé (13), Trémentines (10), Cholet (13), Mortagne-sur-Sèvre (10), Les Herbiers (15), Les Quatre-Chemins-de-Loye (12), Les Essarts (8), La Ferrière (10) et la Roche-sur-Yon (10). — à **Niort**, par Brissac (16 — V. page 28), Martigné (15), Vihiers (12), Argenton-Château (21), Bressuire (18), La Chapelle-Saint-Laurent (10), Neuvy-Bouin (10), Secondigny (7), Champdeniers (14), Echiré (12) et Niort (8). — à **Poitiers**, par Brissac (16 — V. page 28), Saulgé-l'Hôpital (9), Doué (13), Montreuil-Bellay (13) Les Trois-Moutiers (18), Loudun (6), Mirebeau (26) et Poitiers (26).

D'ANGERS A SAUMUR

PAR LES PONTS-DE-CÉ, ERIGNÉ, HUINOIS, BRISSAC, COUTURES, SALLEVILLAGE, GENNES, CUNAULT, TRÈVES, CHENEHUTTE-LÈS-TUFFEAUX ET SAINT-HILAIRE-SAINT-FLORENT.

Distance : **51** kil. **850** m. *Pavé* : **40** min. *Côtes* : **42** min.

Quittant l'hôt. d'*Anjou* et tournant à dr. sur la place de *Lorraine*, on suivra la rue *Ménage*, puis encore à dr. la rue *Desjardins* conduisant à la place *André-Leroy* (**0.6**). Ici, prendre vis-à-vis la rue *Rabelais*, début de la r. des Ponts-de-Cé, qui descend insensiblement vers la Loire.

Aux Ponts-de-Cé (**4.7** — Hôt. du *Pigeon-d'Or*) le pavage (en tout : 25') commence au pont sur l'*Authion*, rivière canalisée, avec un court intervalle macadamisé entre le premier et le second pont sur la Loire. A dr. s'élève une vieille tour dépendante de l'ancien *château des Ponts-de-Cé*. Sur le second pont de la Loire, remarquer à g. la statue de *Dumnacus*, chef gaulois, qui opposa une vive résistance à César. Le maître de Rome ayant été surpris par les Gaulois au moment où il inscrivait son nom sur le pont n'aurait eu le temps d'écrire que *Pont-de-Cé*, d'où l'origine de la dénomination de cet endroit.

Un quatrième et dernier pont franchit la rivière du *Louet*. A dr. le café-rest. du *Grand-Trianon*; à g. ch. de Juigné (3.9), de Saint-Jean (6.3) et de Blaison (13).

Un peu plus loin on arrive au Rocher-d'Erigné (Côte: 6'), village dominé à g. par un gracieux château moderne. Parvenu à l'hôt. du *Lion-d'Or* (**2.5**), la r. bifurque. Abandonnant à dr. la r. de Chemillé (26.7 — direction de la Roche-sur-Yon), par Saint-Lambert (14.2), continuer de monter à g. la r. de Doué (30) par Brissac.

Celle-ci, excellente comme sol, serpente et ondule à

travers une jolie contrée différente en tous points de
celle que l'on a parcourue jusqu'ici. A dr. se détache le
ch. de Soulaine (4.8), de Thouarcé (17.9) et de Vihiers
(32.3). Agréable descente; à g. s'éloigne le ch. de
Juigné (2.750); continuer à dr. Deux côtes : la première
de cinq cents m. (5') se prolonge plus douce pendant
quatre cents m.; la seconde de deux cents mètres.

Dépassé le hameau du Plessis (3), nouvelle côte de
deux cents m. Dans cette région, assez accidentée, de
nombreux moulins à vent donnent au paysage un cachet
particulier. Descente au village de l'Huinois (3) suivie
de deux côtes (4' et 2'). La r., tournant à dr., atteint
bientôt Brissac (2.250). Suivre devant soi la rue pavée
(4') jusqu'à l'hôt. de la *Poste* où on déjeunera et où on
laissera sa machine en garde.

Pour visiter le *château de Brissac* (45' — Magnifiques
appartements avec galeries de tableaux, — rétribution,
50 c.), propriété de Mme la vicomtesse de Trédern,
au sortir de l'hôt., tourner à g. et descendre les escaliers
de la petite place voisine; vis-à-vis se trouve l'entrée
du parc.

Après la visite du château reprendre sa machine à
l'hôtel et, tournant à dr. sur le pavé (3'), monter (2') plus
loin, encore à dr., la rue macadamisée de la *Mairie*.
Traverser en biais la place du *Champ-de-Foire*, en passant à côté de la fontaine centrale, puis descendre la
pente rapide de la r. de Saint-Mathurin. Au *carrefour
des Joreaux*, se détache à g. le ch. de Saint-Saturnin
(3.4); un peu plus loin on franchit le passage à niveau
de la *ligne d'Angers à Poitiers*.

Vous descendez dans une plaine pittoresque agré-
mentée de nombreux bois; ensuite vous montez les
côtes (5' et 2') précédant les hameaux du Haguineau
et de la Croix-Viau. On atteint ainsi le croisement (5.8)
de la r. d'Angers à Saumur; ici abandonner la direction de Saint-Mathurin (8) et tourner à droite.

La r. toute droite, s'élève d'abord en pente douce,
puis, plus doucement, pendant quatre cents m., à travers
une région déserte, plantée de bois et de vignes. Au
sommet de la montée, le pays, changeant d'aspect, décou-
vre une jolie région de plaines pittoresques et variées,
riches en culture.

Descente d'environ deux kil. jusqu'à Coutures (**4.3** — Hôt. des *Trois-Marchands*), en remarquant à g., sur une hauteur boisée, le *château de Montsabert*, propriété de Mme la comtesse de Caix.

Au-delà de Coutures, on laisse à dr. le village de la Genaudière ; petite côte de quatre cents m. (4'). Dépassé le carrefour des Bas-Champs, descente rapide de trois cents m. au Sallevillage (**6.4**), suivie d'une longue côte (12'). A g. une éclaircie permet d'entrevoir les fonds boisées de la vallée de la Loire, vers laquelle vous conduira bientôt une magnifique descente commençant à la *borne 17.7* La pente devient très rapide à partir de la *borne 17*, située près d'une *pierre levée* (menhir) qui se dresse, dans le champ voisin, à dr. de la route.

Au bas de la descente, à Gennes (**3.6** — Hôt. de la *Loire*), vous dépasserez à g. le pont suspendu conduisant aux Rosiers, et continuerez devant vous. Plus loin, à la petite place triangulaire, tourner à g. en laissant à dr. le gros du village de Gennes.

Notre ch., tracé au pied de gracieuses collines boisées, d'où on extrait la pierre tendre du pays, dite *tuffeau*, cotoie à présent la rive g. de la Loire et passe successivement à Cunault (**3** — Curieuse église romane), au pied des ruines du *château de Trèves* (**1.2** — la visite des ruines demande 25'), au village de Chenehutte-les-Tuffeaux (**3.2**) et au hameau de La Mimerolle (**1.3**).

A présent des prairies interceptent la vue du fleuve. On traverse la localité de Saint-Hilaire-Saint-Florent (**4** — caves de vins champanisés), où sont situées quelques fabriques. A la petite place triangulaire avoir soin de tourner à g., vous franchissez le pont sur la jolie rivière du *Thouet* et par une belle avenue, bordée d'arbres, vous arrivez à Saumur.

Ayant dépassé l'*Ecole de cavalerie* et le champ d'exercice, entourés d'écuries et de manèges, continuer par la rue *Beaurepaire* (Pavé : 8'). A l'extrémité de cette rue, passant devant la poste, on atteindra à quelques m. plus loin, vis-à-vis dans la rue *Dacier*, l'hôt. de la *Paix* (**3**).

Nota. — Pour la visite de la ville de Saumur, V. page 24.

DE SAUMUR A CHINON

Par Dampierre, Souzay, Parnay, Turquant, Montsoreau, Fontevrault, Montsoreau, Candes, Saint-
Germain, La Chaussée et Thizay.

Distance : **39** kil. **500** m. *Pavé* : **15** min.
Côtes : **14** min.

Nota. — S'arranger pour arriver à Chinon vers 4 heures,
afin de pouvoir visiter, le jour même, la ville et le château de
Chinon, cette visite demandant environ deux heures.

A la sortie de l'hôt. de la *Paix* se diriger à dr. vers la
place de *Bilange*. Parvenu au pont, tourner à dr. du
théâtre par le quai de *Limoges* (Pavé : 15') passant devant
l'Hôtel de Ville et, à la sortie de Saumur, devant l'église
de Notre-Dame-des-Ardilliers.

A l'extrémité du pavage (**1.1**) la r., plate, remonte,
toujours au pied de gracieuses collines, la rive g. de la
Loire. Vous passez sous le magnifique pont métallique
de la *ligne de La Rochelle*; ici se retourner pour admirer
la vue.

Jusqu'à Montsoreau, la r., quoique en partie séparée
du fleuve par des prairies, est égayée par de nombreux
hameaux et villages dont les plus importants sont Dampierre (**3.5**), Souzay (**2**), Parnay (**1**) et Turquant (**2**)
cette dernière localité laissée un peu à droite.

A l'entrée de Montsoreau (**2**), à l'angle de l'hôt. du
Lion-d'Or, tourner à dr. sur la r. de Loudun (25) par
Fontevrault. Celle-ci, remontant un joli vallon, présente
deux montées : la première de trois cents m. et la
seconde de cinq cents m. au village des Roches (**3**).
Plus loin, on gravit encore une forte côte (10') pour

atteindre Fontevrault (**1**). Parvenu devant l'entrée de la *maison de détention*, on tournera à dr. pour aller déjeuner et laisser en garde sa machine à l'hôt. de *France* (**O.2**).

Après avoir visité la maison de détention, autrefois abbaye célèbre du XIIe s. (Dans l'église, statues tombales des Plantagenets), on reprendra sa machine pour redescendre à Montsoreau (**4.2**).

Au quai, tourner à dr. Cinq cents m. plus loin vous passez au pied du *château de Montsoreau* dont la massive construction, vue de l'autre rive de la Loire, produit encore un effet imposant; tandis que de près ce n'est plus qu'une lamentable ruine. Le dernier propriétaire du château, le comte de Tourzel, le vendit il y a quelques années pour la somme de douze mille francs. Les étages du haut ont été transformés en greniers, ceux du bas en pièces habitées aujourd'hui par des paysans. On visite seulement un escalier renaissance; et il se dégage une grande tristesse des ruines de ce magnifique domaine aux romantiques souvenirs.

Dépassé le château de Montsoreau on atteint bientôt le confluent de la *Vienne* dont les eaux viennent ici se mêler à celles de la Loire. Quittant cette dernière vallée vous montez par une petite côte (**2'**) à Candes (**1** — Église du XIIe s. avec merveilleux portail. — quatre passages pavés).

A la sortie de Candes, légère montée; puis la r., se déroulant entre des collines à dr. et les prairies de la Vienne à g., descend doucement, sauf une montée de deux cents m., jusqu'au village de Saint-Germain (**3.5**).

A cet endroit, on cotoie un moment le cours paisible de la rivière restée quelque temps éloignée.

Six cents m. plus loin, petite côte (**2'**) suivie d'une descente; on s'écarte de nouveau de la Vienne. La r., délicieusement ombragée, passe à La Chaussée (**2.1**), puis laisse à dr. Thizay (**2.5**).

A hauteur de la *borne 10* la contrée devient plus découverte. A dr., s'ouvre la vallée du *Negron* par laquelle viennent déboucher (**5**) la r. de Loudun (**20**) et la ligne du ch. de fer. Notre r., longeant la voie ferrée, s'élève doucement pendant huit cents m. A g. on aperçoit, entre les arbres, les ruines des *châteaux de Chinon* couronnant la colline.

Parvenu au passage à niveau (2.9), ne pas le traverser, mais tourner à g. pour gagner Chinon par une magnifique avenue de peupliers, longue de plus d'un kil. On franchit un premier pont, puis, au-delà du faubourg *Saint-Jacques*, un second pont en pierre sur la Vienne. Ici tourner à dr. dans la gracieuse ville de Chinon par le quai *Jeanne-d'Arc* et, ayant dépassé la statue de *Rabelais*, on atteindra au n° 18 l'hôt. de la *Boule-d'Or* (2.5 — Café du *Commerce* — Vins rouges de Chinon renommés).

Visite de la Ville de Chinon. (environ 2 h.) — Les ruines du *château de Chinon*, formées de la réunion de trois parties distinctes : le château Saint-Georges construit en 1154 par Henri II Plantagenet, le château du Milieu et le château du Coudray, sont des plus intéressantes. Dans le château du Milieu, s'élève le *Logis royal*, également ruiné, mais où on reconnaît encore la salle où Jeanne d'Arc fut présentée à Charles VII, celle où mourut, croit-on, Henri II, la chambre de Louis XI (rétribution : 50 c.) — Le Jardin public qu'entoure le château : belle vue — Eglises Saint-Etienne et Saint-Mesme — Statue équestre de Jeanne d'Arc ; de Rabelais — Nombreuses anciennes maisons du XVe et XVIe s.

DE CHINON A LOCHES

Par Anché, Sazilly, Tavant, l'Ile-Bouchard, Sainte-
Maure, La Bossée et Manthelan.

Distance : **64** kil. **800** m. *Côtes :* **1** h. **15** min.

Nota. — De Chinon à Loches la r. insignifiante, ne présente
aucune curiosité à voir. Cette étape étant assez longue on
arrivera à Loches pour dîner et on visitera la ville seulement
le lendemain matin avant le déjeuner. Le bicycliste, disposant de tout son temps, pourrait passer une journée à Loches
pour se reposer.

De Chinon à l'Ile-Bouchard il existe deux r. : celle de la
rive dr. et celle de la rive g. de la Vienne. La première, qui
raccourcit de trois kil. environ, seulement praticable pendant
la belle saison, quitte Chinon par le quai Jeanne-d'Arc, à g.,
en sortant de l'hôt. de la *Boule-d'Or*, et passe au hameau
de Briançon. La r. de la rive g., bonne en toute saison,
sera celle que nous décrirons dans notre itinéraire.

Au sortir de l'hôt. de la *Boule-d'Or*, prendre à dr.
le quai *Jeanne-d'Arc*, repasser le pont en pierre sur la
Vienne, traverser le faubourg *Saint-Jacques* et suivre la
belle avenue de peupliers, que vous connaissez déjà,
jusqu'au passage à niveau du ch. de fer (**2.5**).

Ici, laisser à dr. la r. de Saumur par laquelle vous
êtes venu et, traversant la voie ferrée, tourner à g. sur
la r. de l'Ile-Bouchard. Celle-ci monte très légèrement
à travers une contrée peu intéressante dépassant à dr., à
six kil. de Chinon, la r. de Richelieu (15 — Curieuse
petite ville bâtie sur un plan régulier par le cardinal de
Richelieu — Restes d'un château).

On traverse le pont sur la rivière de la *Veude*. Un
peu plus loin, à dr., nouvelle bifurcation d'une seconde
r. conduisant encore à Richelieu, par Champigny. Lon-

geant la ligne du ch. de fer, vous passez successivement à Anché (**5.2**), à Sazilly (**3.5**) et à Tavant (**3.5** — un passage pavé).

Au-delà de ce dernier village, la r. se rapproche un moment de la Vienne, rivière dont elle se tenait écartée depuis Chinon.

Parvenu à la place, avec fontaine, du gros bourg de l'Ile-Bouchard (**3** — Hôt. du *Dauphin* — trois passages pavés), tourner à g. pour traverser plus loin la Vienne sur un double et élégant pont suspendu qui relie l'Ile-Bouchard au faubourg de Saint-Gilles. On arrive ainsi, à l'extrémité de la rue et à l'angle de la vieille église de Saint-Gilles, au croisement (**0.9**) de la r. de Chinon, par la rive dr. de la Vienne, et d'Azay-le-Rideau (17); tourner à droite.

Notre r., continuant monotone, franchit deux passages à niveau, entre lesquels on laisse à g. le village de Crouzilles; puis commence à monter, d'abord doucement pendant sept cents m., ensuite, plus loin, assez rapidement pendant six cents m. (**5'**). On domine la vallée, ici très large et sans caractère, tandis que la Vienne, décrivant une courbe prononcée, s'éloigne vers le sud.

Depuis la *borne 31*, descente, suivie de deux côtes (**2'** et **8'**) en laissant à dr. des fours à chaux et le village de Trogues (**5.5**). A la descente prochaine, on longe à g. la lisière des *bois de Bois'*; à dr., la plaine s'étend au loin. Nouvelle longue côte (**15'**), ensuite une pente très douce mène à proximité du village de Noyant; petite côte très dure (**'**).

Au hameau des Colombelles (**6.2** — nombreux débits), vous traversez le pont de la *ligne de Bordeaux à Tours*.

Après le pont, la r., toute droite (deux petites montées insignifiantes), descend pendant un kil. vers la vallée de la *Manse* et rejoint (au kil. 283 de Paris) la r. nationale de Bordeaux à Paris. Ici, tourner à g. pour atteindre les premières maisons de Sainte-Maur (**3.1** — Hôt. du *Cheval-Blanc*); puis, un peu plus loin, quittant la r. de Châtellerault (35) à Tours (34), tourner à dr. dans la rue *Saint-Mesmin*, début de la r. de Loches.

On monte un moment (**9'**), ensuite la r., au sortir de Sainte-Maur, ondule, passe devant quelques bouquets de chênes et, après avoir escaladé un premier raidillon, s'élève par trois montées successives (3', 3' et 2') jusqu'à hauteur d'une plaine peu intéressante.

Sur cette plaine, vous traversez le village de La Bossée (9.4), puis touchez à celui plus considérable de Manthelan (5.1 — Hôt. du *Lion-d'Or*), situé au croisement de la r. de Ligueil (10.5) à Tours (42).

Après avoir franchi la petite *ligne de ch. de fer départemental d'Esères au Grand-Pressigny*, trois petites montées légères font atteindre l'entrée d'un bois de jeunes pins, mêlés à des chênes, venant à point rompre la monotonie du parcours. Dans le bois, vis-à-vis une croix blanche, vous croisez (6) le ch. de Dolus (5) à Vou (5); à g. dans la clairière, s'élève le petit *château de Kerleroux*. Plus loin, à hauteur de la *borne 63*, descente vers un joli fond boisé, laissant à dr. le *château de Beaulertre*, suivie d'une côte (5') pour sortir du bois.

A présent on se retrouve en plaine; puis, traversant une sorte de lande, on descend rapidement au rond-point de Beaurepaire pour s'élever de nouveau (1').

La r., s'accidentant à mesure qu'on avance, ondule en rentrant dans la région boisée et traverse un joli carrefour entouré de balustrades blanches. Montée suivie d'une descente; à g. se détache le ch. de Chanceaux (2). Nouvelle côte (3') précédant, à partir de la *borne 68*, la traversée de deux profonds vallons assez pittoresques, occasionnant deux descentes et deux côtes (9' et 4) accentuées.

Ayant dépassé la petite *ligne de Loches au Grand-Pressigny*, vous descendrez enfin la pente rapide conduisant dans la vallée de l'*Indre* vers la ville de Loches dont on a une jolie vue.

Entrant dans Loches par la rue de *Manthelan* qui traverse la place du Palais-de-Justice, ou du *Champ-de-Foire*, on suivra, de l'autre côté de la place, la rue *Alfred-de-Vigny* et, à l'extrémité de cette rue, tournant à dr. on arrivera à l'hôt. de la *Promenade*, situé à l'angle de la place de la *Tour* (**10.9** — Café des *Arts*).

Visite de la ville de Loches (environ 1 h. 1/2). — Le château de *Loches* et son donjon, une des plus puissantes forteresses du moyen âge, construite par Foulques-Nerra, comte d'Anjou, vers l'an 1000, habitée plus tard par Charles VII et Louis XI (rétribution, 50 c.). — Le Château-Royal, actuellement la sous-préfecture, où on voit l'oratoire d'Anne de Bretagne et le tombeau d'Agnès Sorel (rétribution, 50 c.) — Eglise Saint-Ours.

Excursion recommandée au départ de Loches. — Par Beaulieu (1 — Belles ruines de l'abbaye), La Chapelle-du-Liget (9), La Chartreuse-du-Liget (1), la Courrerie (1) à Montrésor (5 — Château, propriété du comte Branicki, où sont conservés quantité d'objets précieux ayant appartenus aux rois de Pologne) et retour à Loches (17).

Pour mémoire. — De Loches à Tours, par Chambourg (6), Cormery (15) et Tours (19). — à Châteauroux, par Perrusson (4), Fléré-la-Rivière (11), Châtillon-sur-Ind e (6), Clion (7), Buzançais (16), Villedieu (10) et Châteauroux (14). — à Châtellerault, par Ciran (13), Ligueil (6), La Haye-Descartes (12), Dangé (8), Ingrande (8) et Châtellerault (7). — à Amboise, par Saint-Quentin (10), Bléré (17) et Amboise (9).

DE LOCHES A MONTRICHARD

Par Saint-Quentin, Le Coudray, Luzillé, Francueil,
Chenonceaux, Chisseaux, Chissay et Nanteuil.

Distance : **36** kil. Côtes : **54** min.

Au sortir de l'hôt. de la *Promenade*, suivre à g. la rue
de *Tours*. Plus loin, la r. s'élève légèrement dans le
faubourg Saint Jacques. Quand on aura parcouru environ quinze cents m., parvenu à hauteur du débit du
Faisan-Doré (**1.5**), abandonner la r. de Tours (38) et
tourner à dr. pour traverser la vallée de l'Indre et les
trois passages à niveau du ch. de fer.

A la croix, on coupe le ch. de Beaulieu (1.5) à Chambourg (7) et on gravit le versant de la colline (un raidillon et une côte : 4' et 8') qui limite de ce côté la vallée,
pour atteindre le café-restaurant du *Rendez-vous de la
Chasse et de la Forêt* (**1.5**).

Ici trois r. se présentent : à dr. ch. de Ferrière-Beau-
lieu (1.5), devant soi r. de Luzillé par Genillé et Le
Liège, à g. r. de Luzillé par Saint-Quentin (raccourcis-
sant de quatre kil. et demi mais un peu plus accidentée);
suivre à g. cette dernière direction.

Après un raidillon de cent cinquante m. et une descente, la r. longe la lisière de la *forêt de Loches*; puis,
s'élevant par deux côtes successives (4' et 5'), pénètre
sous bois. On dépasse le carrefour de la *Pyramide de
Saint-Quentin* (**3**); descente légère à laquelle succède
une côte (3') pour sortir de la forêt et descendre ensuite
rapidement dans la vallée de l'*Indroye*. Remarquer sur
la colline opposée le petit château avec tour qu'habita
Agnès Sorel.

De l'autre côté du pont, nouvelle côte très dure (8'),
en laissant à g. l'église de Saint-Quentin (**4**). A la première bifurcation, vis-à-vis une maison à toit en tuiles

rouges, se détache à dr. le ch. du Liège (6.5); continuer
à g. Descente rapide suivie d'une côte (7'). Parvenu
presque au sommet de la côte, au tournant, abandonner (1.4) la r. de Bléré (14) et prendre à dr. le ch. de
Luzillé sans poteau indicateur, mais reconnaissable à
un gros orme isolé, planté près de là, sur la dr. de ce
chemin.

On traverse une plaine insignifiante présentant, par
les mouvements du terrain, trois montées, dont la première, la plus longue (4'), mesure environ cinq cents m.

A partir du hameau du Coudray (3.6) le ch. descend
légèrement, puis, plus rapidement, vers le village de
Luzillé. Dans Luzillé, tourner à dr. mais se méfier des
deux caniveaux pavés au croisement (2.1) de la r. de
Loches (18.5 — par Le Liège et Genillé) à Bléré (9).
Coupant ce te rue à l'angle du magasin Toy, on descendra jusqu'à l'église où le ch., tournant d'abord à g.,
puis à dr., descend plus rapidement pour traverser un
ruisseau à côté d'une passerelle. Tournant à g. on suivra ce premier vallon jusqu'au joli *étang de la Brosse.*
Ici le ch. bifurque; prendre à dr. et descendre le nouveau gracieux vallon dans lequel on s'est engagé, sans
se préoccuper des ch. secondaires qui s'écartent à dr.
et à gauche.

Après avoir dépassé un joli moulin on monte (4') à la
place de l'église de Francueil (8.6) où, tournant à g.,
on descendra encore à g., la r. tracée à dr. d'un bel orme.

Vous gravissez un raidillon; ensuite une longue des-
cen'e vous conduit dans la vallée du *Cher,* rivière qu'on
traverse (montée : 2') sur un pont à péage (10 c.). A l'extrémité du pont on entrevoit à g. le château de Chenonceaux, en grande partie masqué par une bordure de
peupliers. Franchissant le passage à niveau de la *ligne
de Vierzon à Tours* (petite montée : 3'), vous atteignez
le croisement (2) de la r. de Tours (34) à Bourges (118)
et à Nevers (188); tourner à gauche.

Parvenu dans Chenonceaux, vis-à-vis la *borne 3,*
suivre la r. à dr. qui vous conduit en quelques tours de
roues devant l'entrée de l'hôt. du *Bon Laboureur et du
Château* (1.3). Laisser en garde sa machine à l'hôtel
pour aller visiter le château.

Le *château de Chenonceaux* (1 h. 30' — visible de

9 h. à 11 h. du matin et de 1 h. à 5 h. du soir; rétribution, 50 c. — Appartements splendides; vue magnifique des errasses), un des plus beaux de France, fut construit en 1515, par Thomas Boyer, receveur des finances. Élevé sur un pont au milieu du lit du Cher, ce merveilleux domaine a été successivement habité par François 1er, Diane de Poitiers et Catherine de Médicis; il appartient aujourd'hui à M. Terry.

Après avoir repris sa machine à l'hôtel, on reviendra dans Chenonceaux à la *borne 3*, pour suivre à g. la r. de Montrichard. Celle-ci, remontant la vallée du Cher, longe la ligne du ch. de fer, traverse le village du Chisseaux (**2** — Côte : 2'), puis franchit la limite (**1**) des départements du Loir-et-Cher et de l'Indre-et-Loire. Dépassé Chissay (**3** — petite montée, passage pavé et raidillon), on laisse à g. le joli *château de Chissay*, appartenant à M. de Costa de Beauregard. Plus loin, au-delà du passage à niveau du ch. de fer, à Nanteuil (**2** — Dans l'église, chapelle de la Vierge, à deux étages, bâtie par Louis xi), se détache à g. la r. d'Amboise (17). Continuant vers la petite ville de Montrichard (**1**), située sur la r. de Tours à Bourges (*V.* page 18.), on s'arrêtera à dr. à l'hôt. de la *Tête-Noire*.

Visite de la ville de Montrichard. — Ruines très intéressantes du château de Montrichard (45' — rétribution, 50 c. — S'adresser au gardien, M. Place, horloger; *V.* page 41) — Pont de 9 arches sur le Cher.

Excursion recommandée au départ de Montrichard. — Par Faverolles (2). à Aiguesvive (5 — Vieille abbaye du xiie s.; Vierge, but de pèlerinage) et retour à Montrichard (7) — A Pontlevoy (8 — Collège ecclésiastique dans une ancienne abbaye), et retour à Montrichard (8).

DE MONTRICHARD A BLOIS

PAR BOURRÉ, MONTHOU, CHOUSSY, OISLY, CONTRES,
CHEVERNY, COUR-CHEVERNY, CLÉNORD, BEAUREGARD
ET SAINT-GERVAIS.

Distance : **50** kil. **400** m. *Pavé* : **15** min.
Côtes : **16** min.

Nota. — L'étape de Montrichard à Blois étant assez longue, en comprenant la visite des châteaux de Cheverny et de Beauregard, nous conseillerons de monter le matin aux ruines du château de Montrichard et de quitter cette ville au plus tard à onze heures. Entre Montrichard et Contres, il n'y a aucune localité où l'on puisse déjeuner convenablement.

En quittant l'hôt. de la *Tête-Noire* tourner à dr. et traverser la petite ville de Montrichard par la *Grande-Rue* (Pavé : 5'). Celle-ci passe devant l'Hôtel de Ville et laisse à g., près des escaliers de l'église (0.5), la r. de Blois (32) par Pontlevoy (8). Plus loin, à une petite place plantée d'arbres, et à l'angle d'une vieille maison en bois, se détache à dr. la r. directe de Loches (3) par Le Liège (16). Continuant devant vous, vous laissez à dr., après quelques boutiques, le magasin d'horlogerie de M. Place, le gardien des ruines du château de Montrichard.

Au sortir de Montrichard la r. plate, très bonne, passe sous le pont de la *ligne de Tours à Vierzon* et remonte la vallée du Cher, rivière dont la vue est interceptée par un talus parrallèle à la voie ferrée; cependant, au-delà du village de Bourré (3) le paysage se dégage. On longe le pied d'une haute paroi de rocher taillé à pic bordant la r. Parvenu à hauteur de la *borne 165.5* et d'un passage à niveau, abandonner (4.5) la vallée du Cher et la r. de Bourges et de Nevers pour prendre à g. le ch. de Monthou.

Celui-ci, remontant un joli vallon boisé, traverse le village de Monthou (**1.8**), où se détache à dr. un ch. conduisant au beau *château du Gué Plau* (1.5), propriété de M. le baron de Cassan. A la croix, notre ch. tourne à g., franchit le ruisseau, puis monte d'abord rapidement (4'), ensuite plus doucement pendant cinq cents m., pour atteindre un plateau. Au faîte de la côte, à la bifurcation, devant une croix plantée sur un piédestal de pierre, suivre la direction de droite.

A partir de ce point, parcourant une plaine monotone, on dépasse l'égl. se de Choussy (**4.9** — deux petites montées) et, après avoir gravi deux côtes (3' e 2'), laissant à g. la ferme importante de la Pillebourd ère, on s'embranche (**2.7**), à l'entrée d'Oisly, sur un ch. venant de Pontlevoy (9.1). Tourner à droite pour traverser Oisly (**0.6**) et aller rejoindre (**2.5**) la belle r. départementale de Blois au Blanc.

Arrivé à cette r., tournant à g., on descendra agréablement jusqu'au bourg de Contres, situé sur la rivière de la *Bièvre*. Dans Contres, laisser à dr. la r. de Selles-sur-Cher (19) et continuer directement par la *Grande-Rue* qui traverse la place du *Marché* (**2.9** — Hôt. du *Lion-d'Or*). Aux dernières maisons (**0.5**), abandonner la r. de Blois et s'engager à dr. sur le ch. de Cheverny.

Ce ch., absolument plat, tracé en ligne droite à travers la plaine pendant trois kil. environ, se borde bientôt de pins, puis de magnifiques peupliers. Ces beaux arbres le font d'autant plus ressembler à une avenue qu'il aboutit exactement vis-à-vis la façade méridionale du majestueux *château de Cheverny*. A la grille, tourner à dr. pour longer le mur des communs du château et, décrivant un circuit, vous arriverez devant l'église de Cheverny (**9** — Hôt. *Saint-Eloi*) situé vis-à-vis l'entrée du château (25' — construit en 1634 — magnifiques appartements — rétribution, 50 c.), propriété de M. le marquis de Vibraye.

En sortant du château, suivre la r. à g. qui longe un moment la clôture du parc. A son extrémité, on rejoint à dr. l'embranchement du ch. de Mur (16) et de Romorantin (28); puis, franchissant un pont, vous traversez le long village de Cour-Cheverny (**1.3**).

Au-delà de Cour-Cheverny le bicycliste s'élève

d'abord doucement sur la r. de Blois, laissant à dr. le petit *château de la Morigonnière;* ensuite, après une côte (3'), descend agréablement, pendant deux kil., vers Clénord (**3.5**), hameau situé dans la vallée du *Beuvron.* Après le pont, nouvelle côte (1') pour entrer dans la *forêt de Russy,* qu'on traverse sur une longueur de quatre kil. et demi. Parvenu à hauteur de la *borne 6,6,* voisine d'une maison de garde (**2.5**), se détache à g. un ch. conduisant au *château de Beauregard.*

Si on désire visiter ce château (**1.4** — durée de la visite 20' — rétribution, 50 c. — Curieuse galerie de portraits de personnages historiques), on devra suivre le ch. à côté de la maison du garde. Il aboutit à la grille du parc (sonnez si la grille est fermée) et à la cour d'entrée du château de Beauregard, propriété de M. le comte de Cholet. Après avoir visité le château, revenir à la maison du garde (**1.4**), sur la r. de Blois.

Dépassé le ch. du château de Beauregard, la r. monte jusqu'à la *borne 4,9;* puis, descendant légèrement, sort de la forêt de Russy au carrefour de la Patte-d'Oie (**2.6**), formé par la réunion des r. de Selles-sur-Cher (36), de Romorantin (36) et de Bracieux (14). Pendant un kil., on roule à plat entre quatre rangées d'arbres; ensuite la r., encaissée entre deux talus, descend rapidement au village de Saint-Gervais (**2**).

De Saint-Gervais à Blois et à l'hôt. de Blois (**2.8** — Pavé 10'), *V.* page 12.

Nota. — Pour la visite de la ville de Blois, *V.* page 13.

DE BLOIS A BEAUGENCY

Par La Chaussée-Saint-Victor, Menars, Fleury, Suèvres et Mer.

Distance: **31** kil. **900** m. *Pavé*: **2** min. *Côtes*: **14** min.

Nota. — Le bicycliste pressé qui voudrait parcourir en une seule étape l'itinéraire de Blois à Beaugency et celui de Beaugency à Orléans (V. page 46 — en tout 57 kil. 600 m.), devra déjeuner à Mer.

Au sortir de l'hôt. de *Blois*, tourner à dr., et, au square de la place *Victor-Hugo*, gravir encore à dr. (Côte : 8'), la r. de Vendôme (32), par la Chapelle-Vendômoise (12). Après une courbe à g., parvenu, quelques m. plus loin, à l'angle de l'hôt. de la *Gerbe-d'Or*, abandonner la r. de Vendôme pour prendre à dr. (**0.5**) la rue d'*Angleterre* (Pavé : 2'), début de la r. de Beaugency et d'Orléans.

Cette rue, aboutissant place de la *République*, passe entre le bureau de la Poste et le square. Elle se prolonge par la belle *avenue de Paris*, laissant à dr., la caserne *Maurice de Saxe*, et, plus loin encore, à l'octroi de Blois (**1.8**), à g., le ch. de Villerbon (7.5) et de Muissan (11).

La r. ondule à présent sur un beau plateau, ne présentant que des mouvements de terrain insignifiants. A g. s'étend une vaste plaine rappelant la Beauce, tandis qu'à dr. la vallée de la Loire, dont le fleuve reste caché, se laisse à peine deviner par le beau viaduc de la *ligne de Romorantin à Blois*.

Après le village de la Chaussée-Saint-Victor (**2**), petite montée pour franchir le pont du ch. de fer. A dr. de la r., le village de Saint-Denis.

Dépassé Menars (**4.4** — Château construit par Mᵐᵉ de Pompadour en 1761 — ne se visite pas), on aperçoit, à dr., sur la colline opposée, le gros village de Montlivault. Plus loin, laissant encore à dr. la commune de Cour-sur-Loire, on atteint Fleury (3.5 — petite descente).

Au-delà de Suèvres (2 — aub. *Breton* — Églises Saint-Christophe et Saint-Lubin, du xi° s.), la r., cessant d'être bordée par les beaux arbres qui l'ombrageaient, oblique à g. et se dirige en droite ligne à travers une plaine plantée de vignes jusqu'à Mer (5). Une descente assez rapide conduit dans cette localité; après le pont sur le ru, côte (1') pour parvenir au croisement du boulevard planté d'arbres qui entoure la ville.

En prenant le boulevard à g., jusqu'à la place de la *Halle*, on arrive à l'hôt. du *Commerce* (0.5), situé à dr. de la halle.
A Mer se détache à g. le ch. de Talcy (9) où on pourra visiter un beau château féodal appartenant à M. Stapfer.

De Mer à Beaugency, la r., tracée au cordeau, toujours monotone à travers une plaine sans relief, présente seulement trois montées douces entre les *bornes* 22.2 à 23.6, 24.1 à 25 et 26.1 à 26.5. A ce dernier endroit on franchit la limite des départements du Loiret et du Loir-et-Cher.

Côte de deux cents m. (2') au hameau de Pompterve, puis bientôt apparaît le clocher effilé de l'église de Beaugency, pet.te ville que domine une massive tour carrée en ruine.

A l'entrée de Beaugency (12.3 — vins renommés), si on doit faire étape, abandonner la r. d'Orléans, après avoir dépassé le n° 9), pour prendre à dr., puis immédiatement à g., la rue de la *Po te-Vendôme*, ensuite à dr. la rue *Neuve*. A l'extrémité de cette rue se trouve à g. le jardin précédant l'hôt. *Saint-Etienn:* (0.4).

Visite de la ville de Beaugency. — Eglise Notre-Dame — Tour Saint-Firmin — Tour de César. — Château servant de dépôt de mendicité — Pont de 26 arches sur la Loire.

Pour mémoire. — De Beaugency à Châteaudu:, par Cravant (7), Binas (13). Ver es (6) et Châteaudun (16). — à Romorantha, par La-Ferté-Saint-Aignan (14), Vernou (20) et Romorantin (17).

DE BEAUGENCY A ORLÉANS

Par Meung, St-Ay et La-Chapelle-St-Mesmin.

Distance : **26** kil. **100** m. *Pavé* : **4** min. *Côtes* : **14** min.

Nota. — Cette étape étant très courte on pourra profiter de l'après-midi pour faire l'excursion d'Orléans aux sources du Loiret (*V.* page 47).

De l'hôt. *Saint-Etienne*, pour rejoindre la r. d'Orléans, descendre vis-à-vis la petite rue du *Martroi* ; vous passez devant une ancienne porte avec horloge. Au bas de la descente, au ruisseau pavé, laisser à dr. **(0.2)** la rue du *Pont* et continuer tout droit par la r. d'Orléans. Une côte (4') ramène sur un plateau légèrement ondulé d'où on a, un moment, une échappée de vue vers la Loire, à présent plus rapprochée.

Petite descente dans un pli de terrain laissant à dr. le hameau des Vallées. Du même côté et, un peu plus loin dans la plaine, s'élève l'église isolée de Baule, auprès de laquelle vous passez au hameau de Foinard (**5**).

La r. descend vers Meung (**2.8** — Hôt. *Saint-Jacques* — Pavé : 4' — Tour fortifiée, ancienne résidence des évêques d'Orléans) par la rue de *Blois*. Au bas, elle oblique à dr. et traverse le bourg par la rue d'*Orléans*. A la sortie de Meung, montée de trois cents m., laissant à g. le ch. d'Huismes-sur-Mauves (**7.5**) et de Saint-Peray-la-Colombe (**20.5**). Plus haut, à la *borne 89*, remarquer de l'autre côté de la vallée la toiture de l'église de Cléry (*V.* page 10).

Descente légère; on passe à Cropet (*f.1*), et, vous rap-prochant des rives boisées de la Loire, laissant à g. un moulin, vous montez (5') à Saint-Ay (**1.4**).

Après Fourneaux (**1.9**), descente suivie d'une montée de trois cents m. (2'). La r., continuant à onduler, atteint La Chapelle-Sa nt-Mesmin (**4.9**): à dr., sur la hauteur, est situé le séminaire. Montée faisable, puis côte de trois cents m. précédant La Madeleine (**3.5**), faubourg manufacturier d'Orléans. Une descente amène ensuite à la grille de l'octroi de la ville et, par une der-nière petite côte (3'), on atteint (**1.4**) les boulevards cir-culaires d'Orléans.

Ici suivre à g. le b⁴ du *Moulin-de-l'Hôpital;* vous pas-sez devant l'entrée du faubourg *Saint-Jean* (deux ruis-seaux) et, continuant par le b⁴ *Iochy la te*, laissant à g. plusieurs rues, vous arriverez b entôt à la place *Bannier* (**0.9**) ornée d'un square avec fontaine. A g. se trouve l'hôt. *Saint-Aignan.*

Nota. — Pour la visite de la ville d'Orléans, *V.* à la *Di-vision du temps*, page vi.

Excursion recommandée au départ d'Orléans. — Au châ-teau de la Source di Loiret (7 kil. du pont d'Orléans).
Itinéraire : De l'autre côté du pont sur la Loire, suivre vis-à-vis la r. d'Olivet. A tro skil. d'Orléans, traverser le pont du *Loiret*, précédant le bou g d'Olivet, et, à l'entrée de cette localité, prendre à g. la rue *Veillard*. Un peu plus loin, suivre le premier ch. à dr., puis contin er par la r. de Saint-Cyr-en-Val. Parvenu à la *borne 2.9* (d'Olivet), on arrive à un grand rond-point ; à g. se trouve l'entrée du parc du *château de la Source*, propriété de M** la princesse de Polignac. Dans le parc on visitera les deux sources du Loiret (s'adresser à la maison du garde, à g. de la grille, retribution, 50 c.).

Pour mémoire. — D'Orléans à Châteaudun, par Tournoisis (24) et Châteaudun (24). — a **Chartres**, par Saint-Péravy-la-Colombe (16), Patay (f), Orgères (11), Fains (10), Voves (6), Berchères (14), Beaulieu (5) et Chartres (6). — à **Fo taineblea** par La Maison-Blanche (14), Chilleurs-au-Bois (14), Pith viers (14), Malesherbes (19), La Chapelle-la-Reine (13) et Fo taine-bleau (14). — à **Sens**, par Pont-aux-Moines (13, Châteauneuf

(13), Bellegarde (23), Ladon (7), Saint-Maurice (6), Montargis (8), Courtenay (27) et Sens (26). — à **Auxerre**, par Montargis (70 — *V.* ci-dessus), Château-Renard (17), Triguères (5), Douchy (5), Villefranche (7), Saint-Romain (7), Volgré (7), Aillant (7) et Auxerre (19). — à **Nevers**, par Pont-aux-Moines (13), Châteauneuf (13), Les Bordes (15), Ouzouer (8), Gien (15), Briare (10), Neuvy (17), Cosnes (14), Pouilly (15), La Charité (13), Pougues-les-Eaux (13) et Nevers (12). — à **Bourges**, par Olivet (4), La Ferté-Saint-Aubin (10), La Motte-Beuvron (13), Nouan-le-Fuzelier (10), Salbris (12), La Loge (9), Vierzon (14), Mehun (10) et Bourges (16). — à **Châteauroux**, par Vierzon (78 — *V.* ci-dessus), Massay (10), Vatan (16), Bellevue (10) et Châteauroux (20). — à **Romorantin**, par Olivet (4), La Ferté-Saint-Aubin (10), Chaumont (13), La Ferté-Beauharnais (6), Millançay (14) et Romorantin (9).

Imp. C. LAMY, 123, boulevard de La Chapelle, 2)19. —

www.ingramcontent.com/pod-product-compliance
Lightning Source LLC
LaVergne TN
LVHW022202080426
835511LV00008B/1514